RENÉ FAGE

—

NOTICE

SUR LES TRAVAUX

DE

M. EDOUARD LAMY DE LA CHAPELLE

———◆∙✦∙◆———

LIMOGES

IMPRIMERIE-LIBRAIRIE LIMOUSINE

Vᵉ H. DUCOURTIEUX

Libraire de la Société archéologique et historique du Limousin

7, RUE DES ARÈNES, 7

—

1887

NOTICE

SUR LES

TRAVAUX DE M. Edouard LAMY DE LA CHAPELLE

On a dit avec raison que la flore limousine est une des plus riches de France. Le relief de notre province, si pittoresquement découpée depuis les plaines de l'arrondissement de Brive jusqu'aux sommets du Mont-Gargan, la variété des éléments géologiques qui composent son sol, les nombreux cours d'eaux qui l'arrosent, permettent aux plantes les plus diverses de s'y développer. Cette remarquable abondance d'espèces botaniques, signalée par des savants étrangers, était de nature à frapper l'attention de ceux de nos compatriotes que leurs goûts portaient vers l'étude des sciences naturelles. L'un d'eux, M. Lamy de La Chapelle, s'est particulièrement distingué par ses travaux sur les végétaux du Limousin ; ses monographies et ses catalogues raisonnés l'ont classé au rang des botanistes les plus érudits.

Edouard Lamy de La Chapelle (1) s'adonna de bonne heure à la recherche et à la classification des plantes propres à notre contrée. Il aborda d'abord la flore générale, réunissant dans ses herbiers des spécimens de toutes les familles et des principales variétés. A mesure que ses connaissances s'étendirent et que ses collections devinrent plus abondantes, il s'occupa d'une façon spéciale des familles végétales les moins connues, les plus diffi-

(1) Pierre-Marie-Edouard Lamy de La Chapelle, né à Limoges le 7 septembre 1804, est décédé dans la même ville le 23 septembre 1886.

ciles à déterminer, de celles dont la science n'est pas parvenue encore à pénétrer tous les secrets, des agames et des cryptogames.

Il avait réuni, dès 1830, la série à peu près complète des champignons, des mucédinées et des algues de la Haute-Vienne. Cette précieuse collection, composée d'exemplaires bien choisis, préparés avec soin, était ouverte à ceux qui voulaient y puiser des éléments de travail ; elle fut utilement consultée par les spécialistes les plus compétents, le docteur Montagne, Duby, auteur du *Botanicon Gallicum*, M. Desmazières, qui a publié les *Plantes cryptogames de France*. M. Lamy de La Chapelle entra ainsi en relation avec ces savants ; s'il profita de leur expérience, il leur fournit, de son côté, de nombreux matériaux pour leurs publications.

Comme on le pressait de mettre au jour les premiers résultats de ses recherches, il écrivit, en 1836, pour les *Nouvelles Éphémérides* de Laurent, un article intitulé : *Promenade botanique* (1). Dans cette notice, il signalait les plantes qu'il avait trouvées, au cours d'une excursion de trois heures, sur l'un des points les plus inexplorés de Limoges, l'église et le clocher de Saint-Etienne. « En publiant ce catalogue, disait-il, nous ne donnerons qu'un bien faible échantillon de la flore de notre département, qui est, sans contredit, l'un des plus riches de France en cryptogames, puisque déjà nous y en avons récolté près de quinze cents espèces bien caractérisées. Un ordre absolument méthodique n'a point été suivi dans sa rédaction, à cause de son peu d'importance sous le rapport scientifique. » Sa récolte sur les dalles de granit, les briques et les ardoises de la vieille cathédrale n'en avait pas moins été d'une étonnante abondance : quarante-quatre phanérogames et trente-huit cryptogames ont trouvé place dans ce catalogue ; peut-être, en mettant plus de temps aux recherches et en étudiant les parties difficilement accessibles des clochetons et des contreforts, pourrait-on y ajouter encore une vingtaine d'espèces.

La *Promenade botanique* fut suivie de près par l'*Essai monographique sur le châtaignier* (2). M. Edouard Lamy de La Chapelle publia cette nouvelle notice en 1839 ; elle fut réimprimée en 1860. Jamais sujet n'a été traité avec plus de soins, plus d'affec-

---

(1) *Nouvelles éphémérides du Ressort de la Cour royale de Limoges,* par Laurent, année 1837, p. 165-169 : *Promenade botanique.*
(2) Brochure in-8° de 66 p.

tion. Le châtaignier, d'après M. Lamy, est l'arbre type du Limousin, et il l'étudie en bon Limousin, évitant « les excès louangeux de la poésie », mais montrant son importance agricole et les services de toute nature qu'il rend aux habitants de nos campagnes. Sa notice comprend trois parties : dans la première, il traite de la châtaigne, dans la deuxième, du châtaignier, et dans la troisième, des châtaigneraies.

Après avoir donné l'étymologie du mot et la description du fruit, M. Lamy de La Chapelle caractérise en quelques lignes les différentes variétés de châtaignes qu'il a observées dans les environs de Saint-Léonard. On en compte au moins une vingtaine ; les principales sont : 1ᵉ la *Corrive*, précoce, bonne de goût, mais d'une conservation quelquefois difficile ; l'arbre qui la porte est de belle venue et fournit un bois d'œuvre excellent ; 2° la *Rousse*, bonne espèce rustique, à l'écorce vive et luisante ; 3° la *Malabre*, dont le fruit succulent est comparable au marron ; 4° la *Grosse-Noire*, tardive, de qualité médiocre, mais de belle apparence ; elle est produite par un des arbres les plus hauts de notre contrée ; 5° la *Pingaude*, qui fait éclater l'écorce tant son amande est bien nourrie ; 6° la *Grosse-Verte*, très tardive, fade, et dont la grosseur ne répond guère à son nom ; 7° le *Châtaignier-Vert*, que nous devons à Cabanis père, conserve longtemps ses feuilles ; sa forme est élégante, mais il donne un fruit peu estimé ; 8° la *Petite-Verte*, qui ne diffère de la variété précédente que par ses petites dimensions ; 9° le *Bleuet*, qui doit son nom à la nuance bleuâtre de son fruit ; 10° la *Nousillade*, assez répandue en Limousin ; 11° le *Marron*, dont nous savons tous apprécier les qualités exquises.

La châtaigne est un aliment complet, qui s'est toujours passé et qui se passe encore d'assaisonnements. On la prépare aujourd'hui comme autrefois, et la manière de la conserver par la dessiccation n'a fait aucun progrès.

Ce premier chapitre de la notice se termine par l'indication des différents usages et essais de la châtaigne au point de vue de l'alimentation.

Depuis les temps les plus reculés, le châtaignier a ombragé nos collines ; il est un arbre indigène. . Lamy en a observé un précieux échantillon fossile, trouvé dans un terrain secondaire de la Charente, sur la limite des roches granitiques du Limousin. L'auteur de la notice nous fait connaître les divers modes de culture qui lui conviennent et les usages industriels auxquels son bois est employé. Une page intéressante est consacrée à l'étude des plantes qui prennent naissance et vivent sur son tronc, ses

— 6 —

branches et ses feuilles; il ne nourrit pas moins de cent-
cinquante-trois cryptogames parasites. « Un châtaignier de six à
huit ans que l'on arrache du semis pour le transplanter, dit
M. Lamy, est déjà chargé çà et là d'écussons à croûte pulvéru-
lente ou granuleuse, qui offrent des espèces appartenant aux
genres *variolaire*, *verrucaire*, *lécanore*, etc.

» A mesure qu'il prend de la force et de la consistance, ces
productions infimes du règne végétal y sont ombragées par des
orthotrics, des *physcies*, des *ramalines*, etc.

» Puis quelques-unes de ces dernières espèces s'éclipsent
tout à fait sous d'épais gazons d'*hypnes* à rameaux couchés, ou
sous les feuilles étalées de *lobaires* et de *parmélies*, qui forment
parfois, en s'entremêlant, de larges mosaïques, à compartiments
arrondis et très diversement colorés.

» C'est ainsi que chaque tronc, même chaque branche, finit
par offrir l'aspect d'une forêt de végétaux nains, que les caprices
du hasard n'ont point attachés à la place qu'ils occupent, puisque
plusieurs d'entre eux diffèrent d'habitudes, de goûts et de sympa-
thies. Les uns recherchent le mince épiderme des tendres tiges;
les autres, l'écorce ridée des troncs séculaires ; ceux-ci prospèrent
à l'exposition du nord ; ceux-là se plaisent à regarder en face
les vents de l'ouest ou du midi. Tels qui se rencontrent sur le
tissu ligneux n'adhèrent jamais à celui des feuilles, qu'ils trou-
veraient trop peu substantiel et trop délicat. Enfin, l'on en compte
parmi eux qui sont des amis du grand jour ou des amis de
l'obscurité. Les *peltigères canine* et *renversée*, les *stictes à fossette* et
à paquets, la *pannère conoplée*, choisissent pour habitation le voi-
sinage des racines ; *l'usnée fleurie* se suspend aux rameaux éle-
vés ; la *fistuline hépatique*, les *polypores embriqué* et *sulfurin* sor-
tent des cicatrices des vieux arbres; les *calycium*, les *lèpres*, les
mucédinées, la *patellaire à croûte verdâtre* tapissent les parois des
troncs caverneux ; la *parmélie renflée*, la *dothidée en forme de mûre*,
les *cénomyces entonnoir*, *écailleux*, *digité*, etc., recouvrent la sur-
face des souches à demi pourries; enfin la *pezize echinophile*
croit exclusivement sur le brou de la châtaigne (1). »

Dans un dernier chapitre, consacré aux châtaigneraies, l'auteur établit, par des calculs de moyennes, que souvent le produit
d'une châtaigneraie est supérieur au revenu d'une terre à fro-
ment. Il énumère, en finissant, les nombreuses plantes qui
croissent naturellement dans les châtaigneraies, et en particulier
les champignons.

(1) *Essai monographique sur le châtaignier*, 2e édit., p. **42, 43**.

On nous pardonnera de nous être peut-être trop attardé à l'analyse de cette monographie; de tous ses ouvrages c'est celui que M. Edouard Lamy de La Chapelle chérissait le plus.

Depuis quinze ans qu'il s'était adonné, avec une infatigable ardeur, à l'étude de la botanique, il avait parcouru le Limousin dans tous les sens, exploré la chaîne des montagnes de l'Auvergne, suivi les côtes de l'Océan entre la Gironde et la Loire, et rapporté de toutes ces excursions, une variété si considérable de plantes, que la flore générale de la France, à quelques exceptions près, se trouvait représentée dans ses herbiers.

C'est alors que les exigences d'une absorbante profession l'arrachèrent brusquement à ses travaux scientifiques. Placé à la tête d'une importante maison de banque, il lui donna tout son temps, toute son activité, sans se réserver aucun loisir, sans se réserver même l'avenir. Il dispersa, en effet, ses livres et ses collections. Combien cette détermination lui fut pénible ! A plusieurs années de distance, il ne pourra en parler sans regret : « Engagé par des motifs graves à changer brusquement d'occupations, et à me séparer d'une science que j'aimais passionnément, je me décidai un jour à donner mes ouvrages de prix, et toutes les plantes de mes herbiers à divers botanistes de la France et de l'étranger qui m'honoraient de leur amitié. Je le reconnais, je fis ce jour un grand sacrifice (1). » Il espérait encore servir la science, en mettant entre les mains des savants ses belles collections. Il donna son herbier phanérogamique à M. Boreau, d'Angers (2), et se dépouilla de ce qu'il avait de plus précieux, de ses cryptogames, au profit de M. Duby, de Genève, qui promettait à cette époque une seconde édition du *Botanicon Gallicum* (3). Cette nouvelle édition ne parut pas, et M. Lamy de La Chapelle regretta plus que jamais les herbiers dont il s'était séparé « dans un moment de désespoir, presque de dépit (4) ».

Il put enfin, après une interruption de dix-huit ans, reprendre ses études favorites et revenir, comme il le dit lui-même, à ses « anciennes habitudes, c'est-à-dire à ses chers cryptogames (5) ».

(1) *Guide de l'étranger : Flore de la Haute-Vienne*, p. 244.
(2) Cet herbier est conservé actuellement au Musée d'Angers.
(3) Dans une lettre, qu'il écrivit en 1883 à M. E. Husnot et que la *Revue bryologique* a publiée, M. Lamy disait que ce « magnifique présent pouvait remplir un grand chariot. » La collection est aujourd'hui dispersée.
(4) *Catalogue des lichens du Mont-Dore et de la Haute-Vienne*, p. 3.
(5) *Catalogue des lichens du Mont-Dore et de la Haute-Vienne*, p. 3.

En janvier 1856, il établit pour le *Guide de l'étranger*, un catalogue des plantes de la Haute-Vienne (1) qui sera toujours consulté avec fruit par les naturalistes qui exploreront le Limousin.

Le Congrès scientifique de France, qui tint à Limoges sa vingt-sixième session, au mois de septembre 1859, comprenait dans son programme plusieurs questions de botanique. M. Lamy de La Chapelle ne pouvait rester à l'écart. Il assista aux réunions et communiqua à ses collègues deux études sur la flore limousine qui furent insérées dans le recueil des travaux du Congrès et publiées en brochures.

La première est intulée : *Simple aperçu sur les plantes cryptogames et agames du département de la Haute-Vienne* (2). Cette notice qui marque, à proprement parler, la reprise des études scientifiques de M. Lamy, a été écrite rapidement, sur de simples notes tirées des communications d'anciens correspondants, souvent de souvenir ; elle donne l'énumération à peu près complète des *champignons* et des *hypoxylés*, mais on peut y relever des lacunes et des erreurs bien excusables dans les conditions où elle a été produite. Les familles des agames et des cryptogames sont, en effet, trop nombreuses dans notre province pour qu'on puisse, de mémoire, en définir exactement toutes les variétés ; le Limousin, avec ses ombrages, ses vallées, ses ruisseaux, convient merveilleusement à leur développement. M. Lamy de La Chapelle nous apprend qu'il en a recueilli plus de treize cents variétés, dont douze cent soixante exactement déterminées. Il passe en revue les diverses catégories de ces curieux végétaux, décrit leurs genres et leurs espèces, parle d'eux en savant et en poète : « Tous ces petits êtres que nous foulons aux pieds sans attention, dit-il, et parfois avec mépris, sont les enfants d'une Providence qui veille sur eux et les protège. Cette simple observation ne dit-elle pas qu'ils méritent de fixer nos regards, qu'ils sont dignes d'études sérieuses? Puisqu'ils ont valu la peine d'être créés, ils valent bien de notre part une inclinaison de tête pour être vus de près ; et, lorsque nous les connaîtrons bien, notre admiration pour eux sera sans bornes, comme l'infini, dont ils offrent l'image dans leur petitesse. Leur simple organisation n'est pas moins admirable que celle de tant d'autres êtres d'un ordre plus élevé dans la création (3). » Nul ne les a vus de plus près que lui, ne les a

(1) *Guide de l'étranger : Flore de la Haute-Vienne*, p. 244-307.

(2) Brochure in-8° de 41 p., imp. Chapoulaud frères, 1860.

(3) *Simple aperçu sur les plantes cryptogames et agames du département de la Haute-Vienne*, p. 41.

plus admirés ; il les a étudiés avec passion et leur a consacré sa jeunesse et les vingt-cinq dernières années de sa vie.

Dans la même session, M. Lamy présentait aux membres du Congrès « *Quelques observations sur la végétation de la Haute-Vienne* (3). » Malgré les renseignements précis et techniques qu'elle renferme, cette notice est d'un intérêt plus général que la précédente et offre tous les agréments d'une œuvre de vulgarisation. C'est le calendrier de Flore du Limousin. Rien de plus curieux à suivre que le travail incessant et régulier de la terre. Chaque plante paraît à son tour, et les végétaux peuvent être classés, par séries mensuelles, suivant l'époque de la floraison de chacun. Aux environs de Limoges, la vie végétative s'arrête pendant deux mois. Vers le 20 février, nous voyons éclore les fleurs du noisetier, du séneçon et de la stellaire ; en mars, nos champs, nos prés et nos jardins commencent à s'égayer ; les mois d'avril et de mai sont les plus riches ; la liste des fleurs de juin et juillet est encore assez longue ; à partir du mois d'août, le nombre décroît rapidement et il ne reste en octobre que la scabieuse et le lierre. Dans ces séries, « le *coudrier noisetier* occupant le premier rang, dit M. Lamy, j'en conclus que ses chatons mâles, qui apparaissent parfois dès le commencement de février, signalent en quelque sorte les premiers battements de cœur de la nature en réveil après un repos de plus de deux mois. L'*aulne*, qui tient la seconde place, fournit la même démonstration. Puisque le *lierre* clôt toutes les séries, ses fleurs jaunâtres en sertules globuleux, au mois d'octobre, peuvent être considérées comme un dernier sourire de Flore au moment où son règne va finir (2). »

Certaines fleurs sont particulièrement sensibles aux influences de l'atmosphère ; on peut les appeler *météoriques*. D'autres s'épanouissent et se ferment à des heures déterminées du jour ; il est facile de composer avec elles une *horloge de Flore*. Ce sommeil des plantes, n'est-il pas un des phénomènes les plus curieux de la vie végétale ? « La double faculté de s'ouvrir et de se fermer leur donne une analogie de plus avec les animaux, qui, soumis aux exigences de la nature, veillent et dorment successivement. Leurs élégantes corolles, après s'être largement épanouies, se dérobent trop vite aux agitations ou plutôt aux amoureuses caresses des zéphirs ; peu à peu elles se resserrent, se ferment,

---

(1) Brochure in-8° de 32 p., imp. Chapoulaud frères, 1860.
(2) *Quelques observations sur la végétation de la Haute-Vienne.* p. 17.

presque à l'imitation d'une paupière, pour, en quelque sorte, prendre du repos et dormir (1). » Cette notice se termine par de savantes observations relatives à l'influence de la nature du sol, de l'exposition, de l'altitude, sur l'époque de la floraison des plantes.

Aux *Assises scientifiques* tenues à Limoges en 1866 (2), M. Lamy produisit un tableau comparatif de la flore aquatique de six départements du centre : la Haute-Vienne, la Creuse, la Corrèze, la Dordogne, la Charente et la Vienne (3). Les départements limousins produisent des espèces fort rares, qui « feraient les délices de tout botaniste étranger à notre contrée ».

Nous arrivons aux travaux qui ont mis le sceau à la notoriété scientifique d'Edouard Lamy de La Chapelle.

Par des recherches incessantes, de 1866 à 1875, il avait reconstitué ses collections cryptogamiques et composé d'inappréciables herbiers de mousses, d'hépatiques et de lichens. Il avait renoué des relations avec les principaux bryologues d'Europe : MM. de Brebisson, de Falaise, Desmazière, de Lille, Desmoulins, de Bordeaux, de Jussieu, J. Gay, et le docteur Montagne, de Paris, le docteur Mougeot, de Bruyères, Chimper, de Strasbourg, Schœrer, de Suisse, Schultz, de Wissembourg, l'abbé Boulay, Husnot, Gottsche, Buchinger et le plus illustre de tous, le savant Nylander. Il pouvait travailler sur des documents certains, bien déterminés; se sentant soutenu par l'approbation des hommes les plus expérimentés, il marchait à coup sûr. C'est dans ces conditions qu'en 1875 il donna à la *Revue Bryologique* son « *Simple aperçu sur les mousses et hépatiques du Mont-Dore* (4) ». Les massifs montagneux de l'Auvergne avaient été parcourus avant lui par d'éminents botanistes, de Lamberterie, Lecoq, Lamotte, Nylander, l'abbé Lacroix, Husnot et Durieu de Maisonneuve. Il

(1) *Quelques observations sur la végétation de la Haute-Vienne*, p. 22.

(2) L'année précédente, aux Assises scientifiques de Guéret, M. Lamy de La Chapelle avait communiqué des *Observations sur quelques centaurées du groupe des jacées de la Haute-Vienne et de la Creuse*. Ce travail, resté inédit, a été résumé dans le *Compte-rendu du Congrès archéologique et des Assises scientifiques de Guéret*. — Guéret, Dugenest, 1866, p. 94-96.

(3) *Plantes aquatiques de la Haute-Vienne et rapport de ces plantes avec celles de même nature dans les départements voisins.* — Limoges, Chapoulaud frères, 1868. Brochure in-8° de 28 p.

(4) Condé-sur-Noireau, imprimerie Eugène L'Enfant, 1875, brochure in-8° de 19 p.

y fit encore de précieuses découvertes. Son catalogue, dans lequel il a négligé les espèces vulgaires, comprend cent quarante-quatre mousses et quarante-quatre hépatiques, dont quelques-unes avaient échappé à ses devanciers. On y constate des connaissances géologiques fort utiles pour la recherche et la détermination de ces petits végétaux.

Ses excursions en Auvergne ne lui faisaient pas oublier le Limousin ; il avait préparé et mettait au jour, dans le courant de la même année, le catalogue des mousses et hépatiques de la Haute-Vienne (1). Cette notice peut être considérée, en quelque sorte, comme la table méthodique et raisonnée de son merveilleux herbier. Toutes les plantes qui le composent ont successivement repassé sous ses yeux ; il en a contrôlé tour à tour les indications d'origine, d'exposition, d'altitude ; chaque feuillet de sa collection a été l'objet d'un examen attentif. Ce travail minutieux était plein de charme pour lui. « Ce n'est pas, je l'avoue, sans une certaine émotion, sans une vive joie, dit-il, que j'ai passé cette revue générale qui me rappelait tant de courses lointaines, tant de fatigues, presque des dangers, tant d'aimables surprises ; alors mes souvenirs se reportaient aux lieux souvent si abrupts, si sauvages, où avaient pris naissance tous ces gracieux petits êtres, qui, dans les champs, contribuent pour une bonne part à l'ornementation du paysage, sans être cependant fort appréciés (2). » C'est ainsi que la vue d'un échantillon évoquait toutes les circonstances dans lesquelles il avait été découvert. Il conserva jusqu'à la fin cette heureuse mémoire. Nous lui soumîmes, en 1884, un champignon que nous avions trouvé aux environs de Tulle. Du premier regard, il reconnut le *Chlathrus cancellatus*, cryptogame des contrées méridionales, très rare dans notre pays et aussi curieux par sa forme bizarre que par son odeur cadavérique ; il se souvint aussitôt qu'il en avait rencontré un exemplaire, trente ans auparavant, au pied d'un vieux mur, dans la commune d'Isle. Un souvenir datant de la veille n'eut pas été plus précis.

Deux cent quarante-deux mousses et soixante-quatorze hépatiques sont définies dans cette notice. Quelques-unes des espèces signalées sont rares pour la Haute-Vienne ; d'autres, rares pour la France, sont assez communes dans nos vallées. C'est là, en

(1) *Mousses et hépatiques du département de la Haute-Vienne.* — Paris, Savy, 1875, broch. in-8° de 54 p.
(2) Page 1.

effet, sur les bords de nos ruisseaux, de nos étangs « que se concentrent la plupart de nos richesses végétales, dans lesquelles la famille des muscinées porte un fort appoint. Les sommets de nos collines privés de terre végétale, battus par tous les vents, hérissés çà et là de quelques rochers détritiques, sujets à se désagréger, se montrent assez inhospitaliers pour les mousses, et si l'on veut en découvrir d'intéressantes, il faut se tenir à mi-côte des montagnes pour y scruter les lieux plus ou moins abrités : de là, par des pentes naturelles, le bryologue arrive aux vallées, et c'est là presque toujours qu'il fera d'amp'es récoltes sur la terre, les troncs d'arbres, et les rochers qui dominent à petite distance les cours d'eau (1) ».

Deux suppléments successifs aux *Mousses et hépatiques de la Haute-Vienne et du Mont-Dore*, publiés en 1876 et 1878 (2), ont porté les mousses du Mont-Dore à.............. 176

    Les hépatiques du Mont-Dore à................ 53

    Les mousses de la Haute-Vienne à............. 264

    Et les hépatiques de la Haute-Vienne à........ 74

M. Edouard Lamy de La Chapelle avait annoncé, dès 1875, la prochaine publication d'un catalogue raisonné des lichens du plateau central de la France. L'Auvergne et le Limousin devaient encore lui en fournir la matière. Il le fit imprimer en 1880, sous le titre de : *Catalogue des lichens du Mont-Dore et de la Haute-Vienne* (3). Dans la préface de cet important ouvrage, les naturalistes trouveront un traité complet de lichénographie, l'histoire des travaux dont les lichens ont été l'objet, l'indication des progrès accomplis par cette branche de la science botanique grâce à quelques spécialistes et surtout à M. Nylander, enfin l'exposé d'un nouveau moyen d'étude des lichens par les réactifs chimiques. De l'œuvre même (on n'analyse pas un catalogue), nous ne dirons qu'un mot : elle a valu à son auteur une récompense de l'Académie des Sciences.

Quelques nouveautés ayant été découvertes après la publication du catalogue, M. Lamy fit paraître, en 1882, un supplé-

---

(1) *Mousses et hépatiques du département de la Hte-Vienne*, p. 51 et 52.

(2) *Mousses et hépatiques du Mont-Dore et de la Haute-Vienne, supplément*. — Condé-sur-Noireau, L'Enfant, 1876, brochure in-8° de 8 p.

Mousses et hépatiques du Mont-Dore et de la Haute-Vienne, second et dernier supplément. — Condé-sur-Noireau, L'Enfant, 1878, brochure in-8° de 11 p.

(3) Paris, *Société botanique*, 1880, 1 volume in-8° de 202 p.

ment (1) qui porte à six cent cinquante le nombre des variétés
de lichens du Mont-Dore et de la Haute-Vienne déterminés
jusqu'à ce jour.

Nous signalons en passant le Mémoire qu'il adressa, le 14 octobre 188?, à la *Société d'horticulture de Limoges*, pour lui dé-
noncer l'*Invasion dans la Haute-Vienne de la maladie de la vigne
dite le Mildiou* (2).

En 1884, il publia l'*Exposition systématique des lichens de
Cauterets, de Lourdes et de leurs environs* (3), ouvrage remarquable
qui suffirait, à lui seul, pour classer son auteur parmi les plus
savants lichénographes. Il lui a fallu douze années d'études au
microscope pour déterminer toutes les plantes qui composent ce
catalogue. Lorsqu'il y a mis la dernière main, il avait dépassé
l'âge de quatre-vingts ans ; sa mémoire, son activité, sa passion
pour la botanique ne s'étaient nullement affaiblies.

Il ressentit, dès les premiers mois de 1885, les atteintes de la
maladie qui l'a emporté. Sans se laisser abattre, il continuait le
classement de ses nombreuses collections, dictait des lettres et
des notes pour ses correspondants. Il a vécu jusqu'au dernier
jour au milieu de ses plantes. Nous l'avons vu, peu de temps
avant sa mort, étendu sur un fauteuil dans son cabinet; des
cahiers de son herbier étaient ouverts devant lui ; il nous faisait
admirer ses échantillons les plus précieux ; bientôt il se redres-
sait sur son séant, sa voix devenait plus forte, il retrouvait son
énergie et nous parlait avec enthousiasme de ses belles découvertes.

Au moment où la mort est venue le frapper, il préparait un
catalogue général de la flore limousine, et amassait des matériaux qui devaient lui servir à réviser les lichens des hauts
sommets des Pyrénées centrales. Ce travail ne sera pas perdu ;
son compatriote et ami, M. Ernest Malinvaud, auquel il a légué
ses collections (4) et ses ouvrages, s'est chargé de coordonner
ces matériaux et de publier ces catalogues.

---

(1) *Supplément au catalogue des lichens du Mont-Dore et de la Haute-
Vienne.* — Paris, *Société botanique*, 188?, brochure in-8° de 34 p.

(2) *Invasion dans la Haute-Vienne de la maladie de la vigne dite le
Mildiou.* — Limoges, Gély, 1882, brochure in-8° de 7 p.

(3) Paris, *Société botanique*, 1884, 1 volume in-8° de 133 p.

(4) Voici l'état des collections laissées par M. Lamy de La Chapelle :

1° *Mousses.*

Musci Galliæ, par Husnot et collaborateurs........... 15 fascicules.

Les principaux organes des Sociétés botaniques de France ont annoncé, en termes émus, le décès d'Edouard Lamy de La Chapelle, et rappelé les services signalés qu'il a rendus à la science. Celui de ses correspondants qui le connaissait le mieux a résumé

Mousses de France, Angleterre, Belgique, Suède, Allemagne, etc. (dons ou acquisitions)	37	fascicules.
Mousses réunies par M. F. Renauld (*Flora sequan. exsic.*)	2	—
Mousses exotiques, des herbiers originaux de Schimper, Montagne et autres	5	—
Mousses allemandes (don de M. Geheeb)	6	—
Mousses bavaroises (don du Dr Progel)	4	—
Musci Europeæ, du Dr Rabenhorst	27	—
Mousses de Laponie, Angleterre, Norwège, Madère, Tyrol, Portugal, Vosges, Labrador, Groënland, Chine, Cap de Bonne-Espérance (dons de divers)	20	—
Mousses des diverses parties du monde	12	—
Mousses exotiques (dons de M. Schimper)	12	—
Mousses de Normandie, par de Brébisson	8	—
Muscinées des environs de Paris, par Roze et Bescherelle	10	—
Mousses normandes (dons de M. Brin)	2	—
Fenniæ exsiccatæ, par F.-V. Brotherus	1	—
Mousses, hépatiques et lichens (don de Braun de Brunswich)	3	—
Mousses du Mont-Dore et de la Haute-Vienne, par E. Lamy	44	—

2° *Hépatiques.*

Hépatiques du Mont-Dore et de la Haute-Vienne, réunies par E. Lamy	13	—
Hépatiques des diverses parties du monde (dons et acquisitions)	6	—
Hépatiques des Antilles, par Husnot	1	—
Hepaticæ Galliæ	6	—
Hépatiques des Ardennes, par Gravet et Delogne	3	—
Hépatiques d'Europe, par Gottoch et Rabenhorst	31	—

3° *Lichens.*

Lichens, par Arnold		
Lichens, par Hugo Lojka		
Lichens, par Ritter von Zwack		
Lichens, par Norrlin et Nylander	9	—
Lichens d'Europe, par Rabenhorst	46	—
Herb. Lich. Parisiens, par Nylander	3	—
Lichens de Laponie, Norwège, Labrador, Valdivie, Galicie, Groënland, Chine, etc. (dons et acquisitions)	11	—
Lichens (de la Vendée et des Deux-Sèvres, quelques exotiques), réunis par M. O. J. Richard	11	—

ainsi son œuvre : « Il y a moins d'un demi-siècle, le département de la Haute-Vienne était l'un des plus arriérés au point
de vue de l'étude de sa flore locale ; à cet égard tout était à faire ;
aujourd'hui on peut dire que presque tout est fait, non-seule-
ment l'inventaire des phanérogames, mais aussi en cryptogamie.

» Il n'est peut-être pas un autre département en France qui
soit arrivé à une connaissance aussi parfaite de ses richesses
végétales dans un laps de temps relativement aussi court, et par
les publications, ou à fort peu près, d'un seul botaniste. Le nom

Lichens de la Guadeloupe, par M. Buchinger	1	fascicule.
Lichens de Normandie, par Malbranche	8	fascicules.
Lichens étrangers, par Müller	3	—
Lichens scandinaves, par Th. M. Fries	3	—
Lichens de l'Orne, par l'abbé Olivier	9	—
Lichens de Franche-Comté, par C. Flagey	8	—
Lichens de France et d'Europe par M. de Roumeguère (environ 800 échantillons)		
Lichens de Dôme, du Doubs, de Noirmoutier, de l'Ile d'Yeu, de Saint-Pierre et Miquelon, réunis par E. Lamy et divers.	14	—
Lichens corréziens, réunis par E. Lamy et E. Rupin	9	—
Lichens de la Haute-Vienne et du Mont-Dore, par E. Lamy.	79	—
Lichens de Cauterets, Lourdes et environs	18	—
Lichens de Cauterets, Lourdes, Clermont, Aurillac, par E. Lamy et divers	26	—
Lichens des environs de Rochefort	1	—

4° Cryptogames, Algues, etc.

Plantes cryptogames méditerranéennes, par le Dr Marcucci.	3	—
Cryptogames vasculaires d'Europe, par Rabenhorst	5	—
Algues d'eau douce de France, par C. Roumeguère		
Characées d'Europe	5	—
Flora germanica exsicc. cryptogamia, par Breutel	5	—
Fungi selecti Galliæ, par C. Roumeguère		
Sphagnoteca belgica, par F. Gravet	1	—
Cryptogamische Gewasche, par H. Christian Funche	36	—
Plantes cryptogames de France, par Desmazières	44	—
Fungi Europei, par Rabenhorst	1	—

5° Phanérogames.

Centuries phanérogamiques (*Herbarium normale*), par le Dr Schultz	
Menta exsiccata, par M. Malinvaud	
Plantes de la Haute-Vienne, du Mont-Dore, des Pyrénées, réunies par E. Lamy	

d'Edouard Lamy de La Chapelle rappellera toujours un de ceux
qui ont le mieux mérité de la Flore française. » L'auteur de l'article, M. Ernest Malinvaud, qu'il honorait d'une vive amitié,
ajoutait : « Pour ses compatriotes et ses anciens amis, ce nom
vénéré éveillera aussi le souvenir d'un homme juste et bon par
excellence. La longue vie si bien remplie de notre regretté col-
lègue peut se résumer en trois mots : devoir, travail et bien-
faisance, et nul n'a mieux mérité le bel éloge que renferment ces
paroles : « il a passé ici-bas en cherchant le vrai et en faisant le
bien (1). » C'est ainsi que, chez Edouard Lamy de La Chapelle,
les mérites du savant allaient de pair avec les plus précieuses
qualités de l'homme privé. Tous ceux qui l'ont connu s'associe-
ront à ces justes louanges. La Société archéologique a perdu en
lui un de ses Membres les plus éminents, et le Limousin un de
ses enfants les meilleurs et les plus distingués.

(1) *Bulletin de la Société botanique de France*, 1880.

Limoges, imp. Vᵉ H. Ducourtieux, rue des Arènes, 7.

DU MÊME AUTEUR :

Excursions limousines, 1re série (*Brive, Aubazine, Cornil, Tulle*). — Tulle, Crauffon, 1871, 1 vol. in-8°.

Excursions limousines, 2e série (*de Tulle à Ussel et à Eygurande*). — Tulle, Crauffon, 1880, 1 vol. in-8°.

Excursions limousines, 3e série (*d'Eygurande à Largnac*). — Tulle, Crauffon, 1883, 1 vol. in-8°.

Restauration du Cloître de Tulle. (Notes historiques.) — Tulle, Crauffon, 1873, br. in-8°.

Id. — 2e édition, dessins de M. E. Rupin et Note de M. Ph. Lalande. — Brive, Roche, 1879, in-8°.

Quelques procès limousins devant le Parlement de Bordeaux. — Tulle, Crauffon, 1877, 1 vol. in-8°.

La Maison de Ségur, son origine, ses vicomtes. — Limoges, Chapoulaud frères, 1878, br. grand in-8°.

Note pour servir à l'histoire de l'imprimerie à Tulle. — Tulle, Crauffon, 1879, br. in-8°.

La maison de l'Abbé à Tulle, eau-forte de M. P. Cappon. — Tulle, Bessoutrot, 1879, br. in-4°.

L'Inondation de Saint-Roch à Tulle (16 août 1756). — Tulle, Crauffon, 1880, br. in-8°.

La Numismatique limousine à l'Exposition universelle de 1878. — Limoges, Chapoulaud frères, 1880, br. grand in-8°.

Notice bibliographique sur Eustorg de Beaulieu. — Tulle, Crauffon, 1880, br. in-8°.

Une ancienne Justice : la Cour d'Appeaux de Ségur. — Limoges, Chapoulaud frères, 1880, 1 vol. grand in-8°.

Guillaume Sudre, cardinal limousin (avec portrait et eau-forte de M. E. Rupin). — Brive, Roche, 1880, br. in-8°.

Les Épitaphes du Cloître de Saint-Martin de Brive. — Tulle, Crauffon, 1881, br. in-8°.

Jean-Joseph Dumont, peintre d'histoire (1687-1779). — Tulle, Crauffon, 1881, br. in-8°.

Dissertation d'Étienne Baluze sur saint Clair, saint Laud, saint Ulfard et saint Baumade. — Tulle, Crauffon, 1881, br. in-8°.

Les Œuvres de Baluze, cataloguées et décrites. — Tulle, Crauffon, 1882, 1 vol. in-8°.

Un épisode de la Fronde en province : Tentative de translation à Limoges du Parlement de Bordeaux. — Limoges, Chapoulaud frères, 1882, br. in-8°.

Le Point de Tulle. — Tulle, Crauffon, 1882, br. in-8°.

Liste des Châteaux du diocèse de Limoges avant 1789, suivie d'une liste complémentaire par M. Gaston de Lépinay. — Brive, Roche, 1882, br. in-8°.

Le Château de Puy-de-Val, description et histoire, avec dessin et chromo-lithographies. — Tulle, Crauffon, 1883, br. in-8°.

Molière et les Limousins. — Limoges, Ducourtieux, 1883, br. petit in-8°.

Id. — 2° édition, augmentée. — Limoges, Ducourtieux, 1884, br. in-8°.

Lettres inédites de Baluze à M. Melon du Verdier, publiées avec une Introduction et des Notes. — Tulle, Crauffon, 1883, 1 vol. in-8°.

Complément des Œuvres de Baluze cataloguées et décrites. — Tulle, Crauffon, 1884, br. in-8°.

Les Anglais à Tulle; la Lunade. — Limoges, Barbou, 1885, br. in-8°.

Les Bataillons de volontaires du Limousin. — Limoges, Barbou, 1885, br. in-8°.

Deux lettres de Mascaron à Mlle de Scudéry. — Tulle, Mazeyrie, 1885, br. in-8°.

Notes sur un Pontifical de Clément VI et sur un Missel, dit de Clément VI, conservé à la Bibliothèque de Clermont. — Tulle, Crauffon, 1885, br. in-8°.

Le Tombeau du Cardinal de Tulle, à Saint-Germain-les-Belles. — Limoges, Ducourtieux, 1885, br. in-8°.

Notice bibliographique sur Pierre de Besse (faisant suite à Pierre de Besse, notices littéraire et biographique, par MM. Emile Fage et Docteur Longy). — Tulle, Crauffon, 1886, br. in-8°.

Une Boutique de Marchand à Tulle au XVII° siècle. — Tulle, Crauffon, 1886, br. in-8°.

Quelques procès limousins aux Grands-Jours de Poitou (1567-1635). — Limoges, Ducourtieux, 1886, br. in-8°.

Un atelier de dentelles à Tulle au XVIII° siècle. — Tulle, Crauffon, 1887, br. in-8°.

Le Vieux Tulle, n° I : Les Origines de Tulle. — Tulle, Crauffon, 1885, br. in-8°.

Le Vieux Tulle, n° II : Les Fortifications, avec un plan. — Tulle, Crauffon, 1885, br. in-8°.

Le Vieux Tulle, n° III : Le Château ou fort Saint-Pierre. — Tulle, Crauffon, 1886, br. in-8°.

Le Vieux Tulle, n° IV : La Tour Prisonnière dite Tour de Maumont. — Tulle, Crauffon, 1886, br. in-8°.

Le Vieux Tulle, n° V : La Tour de la Motte, avec un dessin. — Tulle, Crauffon, 1886, br. in-8°.

Le Vieux, Tulle, n° VI : La Porte Chanac, avec deux dessins de M. Soulié. — Tulle, Crauffon, 1886, br. in-8°.

Le Vieux Tulle, n° VII : La Place publique. — Tulle, Crauffon, 1886, br. in-8°.

Le Vieux Tulle, n° VIII : Le Collège, avec un dessin de M. G. Furtiveau. — Tulle, Crauffon, 1887, br. in-8°.